U0899617

Xiao Yun
Literati
Gathering

小云雅集

皮 志 云

著

作家出版社

秋水生烟穷尽远
点点林红阶外鹊声稀
青衫薄透生香暖
层林叠彩寂流光

古诗　十首　041

古联　一副　061

目录

古词 十六首 007

现代诗

古词

十六首

（二）蝶恋花

金蕊翠荷娇欲展，
半抹红衣，
薄玉柔柔婉。
摇曳嫣然比并看，
鲛绡红透无深浅。

盘叶蓁蓁珠子满，
十里青裳，
澄露盈盈暖。
一任卷舒情缱绻，
匀红点染青娥面。

[二] 蝶恋花

寒月锁辉霜浸半，
寂冷千山，
秀黛寥寥间。
何事鬓华悲玉面，
泪云笼月孤轻叹。

秋水生烟穷尽远，
渺渺萦织，
南浦苍苍岸。
月入波心珠坠眼，
空逐浮梦寻寻念。

〔三〕清平乐

春庭芳草，
茸曳西西窈。
小蝶戏花欢醉绕，
无计相留年少。

月桥渌波长东，
浣纱夹岸微。
小立青阑顾影，
溪云山外飞鸿。

（四）

生查子

春来花甚浓，
少女多姿婕。
执扇舞腰肢，
笑说风和月。

弹弦落雨急，
相看红桃频。
待到日晴时，
举手拨云霓。

一五 卜算子

碧水泛清涟，腴柳长汀翠。
逐棹落英自水流，争奈春秋逝。

闲步榭台观，兰渚芙蓉媚。
波上仙子醉玉颜，吟笑风月事。

六 相见欢

秋风皱起涟漪，念谁归？
独坐小楼凝泪敛低眉。

寒烟袅，黄花绕，雁南飞。
点点林红阶外鹊声稀。

〔七〕

荷叶杯

秋扫画堂残暮，
寒渡，
几重凉。

点红飞入满塘寂，
无觅，
半斜阳。

〔八〕鹧鸪天

寒月秋蛩唧语轻，
流霜湿桂入空庭。
疏窗半掩银烛冷，
帘卷璎珠翡翠屏。

花影弄，醉香盈，
红袖醺饮未初醒。
青衫薄透生香暖，
试问今夕谁飞觥？

〔九〕菩萨蛮

一庭春韶一朝锦，
瑶肌朱粉腻香沁。
轻拢捻花枝，
笑观蝶竞追。

春朝花解语，
花暮春流去。
但愿久长时，
花浓复采菲。

〔十〕青门引

山暮鱼霞染，
风剪岚影波澹。
层林叠彩寂流光，
今夕何处？
唤冷月成念。

高亭长径枝丫掩，
顾步云台览。
遥看澄镜山色，
取次沧桑浮舟泛。

〔十一〕花非花

思何思，念何念？
粉黛浓，鹅黄浅。
浓晕娇蛾愁红生，
浅月梨花盈水间。

【十二】花非花

留难留，别难别？
雪映花，天悬月。
花枝空坠念西风，
月影婆娑偎落雪。

〔十三〕花非花

思何思，念何念？
杏腮浓，蛾眉浅。
浓绛娇怯醉芙蕖，
浅黛羞云灼杏眼。

〔十四〕忆王孙

秋来霜浅卷轻寒，
流水无吟漠漠烟。
金桂盈香凝琼轩，
倚玉阑，
一字千思踏雪笺。

【十五】点绛唇

晴霭水迢，
熏风半晌笙歌醉。
春江逶迤，
崇嶂叠峦翠。

朗月澄辉，
仰羡星屏缀。
遥夜思，
流光苒苒，
万里银浦炽。

〔十六〕长相思·洞庭

春庭楼，溪亭秋。
春水悠悠下江流，
君山望中留。

一寸柔，一寸愁。
回首可堪对秋眸，
侬意依依呦。

古诗十首

【二】五律·观

松径绕东篱，恬然入北扉。
春来花簇锦，秋去露鹄飞。
坐看行云辞，闲寻桂子归。
谁堪邀晓月，抹日浸霞晖。

【二】五绝·游园

浅浅春光吐，
莹莹露沁枝。
翩跹轻醉舞，
锦绣绿丝衣。

【三】五绝·游园

亭台碧笼氤，
镜水潋金粼。
鹊上松枝闹，
青芦翠影濒。

【四】

七律·屈子

战火连天白月孤，
烽烟万里春草枯。
旌旗蔽日横平野，
秦骑直驱破楚都。
唯有屈平悲涕泣，
泽遗青史永萦纡。
世人伤感忠良瘁，
高挂菖蒲吊魄躯。

【五】七绝·夏

花露寒去洗春芳，
柳浪翻荫已夏长。
辞尽杨花收百色，
时闻娇啭宛清扬。

【六】古绝一

桃红点点娇昵语，
金柳依依空着雨。
流水泱泱春寒薄，
声声飞渡鸳鸯浦。

〔七〕古绝二

一夜秋黄梧桐雨，
点点碎落空庭宇。
西风独自念于归，
又闻银粟玉枝舞。

〔八〕古绝三

晓树云深彤光处，
重曜叠照征马伫。
花枝柔茂弄春煦，
争系韶华极天疋。

一九一 无题

重霄熠熠煦云烟，
淼淼瑶池宴众仙。
欲问神君何事怨，
嗟叹素女苦幽怜。

〔十〕春夜

春风晓月卷帘楹，
澹澹青塘浅语萦。
寂寂欢浓闲落子，
皇娥远眺掷长庚。

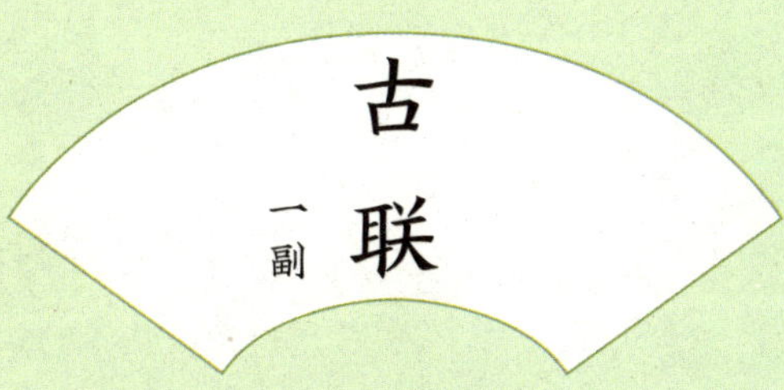
古联
一副

上联

望江楼，望江流，望江楼上望江流，

江楼千古，江流千古。

下联

寻画扇，寻画面，寻画扇中寻画面，

画扇可人/万年，画面可人/万年。

现代诗
二十三首

晨

朝霞映亮了天边缓缓升起的红日
光的炫亮催醒了初秋的清晨，火热炙烈
路边的梧桐叶在光的影印下若隐若现
犹如蒙娜丽莎的微笑，迷人而神秘

鸟儿清脆的欢唱
车儿响亮的鸣笛
奏响了清晨的主曲
明快的音符在耳边响彻着
草丛中星点的野花在空中摇曳着
带着露珠的青草香味沁人心脾
秋的气息散发在泥土的芬芳中

新的一天慢慢来到身边
甜甜的，暖暖的
渐渐地炙热
炙热的思绪唤起了内心向往
期盼心中的火凤凰涅槃重生

（二）繁星

点点繁星勾勒出深邃宽广的星空
夜空中闪耀着
点亮了大地
炫丽的流星划过天际
编织出星星的梦想

斑斓的星光照亮了纯净的心
双手祈祷着
默默祝福着
手捧着水晶般的玻璃心
与天空那闪亮的宝石星
交相辉映
星与心
相映至永远
永远！

假如你愿意

假如你愿意
我想成为一粒小小的种子
在你的心田生根发芽
假如你愿意
我想成为一滴小小的泪珠
汇成涓涓溪流滋润你的心田
假如你愿意
我想成为一颗火热的红心
散发爱的光芒
照耀着你那美丽的生命

如果还想成为什么
我想成为一座心灵的灯塔
照亮心的每个角落
分享着那份光亮
分享着那份温暖

一四一 静心

喜欢则喜欢
不喜欢便不喜欢
无须牵附于世事纷扰
随心最好
清净如水
心无所扰
至纯至真
默默地
对自己道一声
珍重
岁月静好

〔五〕蒙

天之灰灰
心之蒙蒙

日之所思
夜有所想

思之所困
困有不堪

不知所以
以何为知

飘散如梦
梦醒方散

扪心自问
感怀无限

细思量
难以抒怀

雪花漫天飞舞

落上了脸颊

泪花与雪花交织着交融着

结成了冰珠坠入了大地

一粒一粒晶莹剔透

天晴　雪凝　泪止

冰封的心慢慢地悄悄地融化

等待着……

面朝天空

轻轻地向远方呼唤

默默许下一个约定

相信自己

就算逆风也要勇敢展翅飞翔

就算跌倒也要挺胸昂首站起

加油

为自己加油

为自己喝彩

永不言弃

〔七〕秋愁

点点秋雨绵绵不休

丝丝寒意阵阵沁袭

无尽闲愁绕心头

只道清愁散尽还复生

怎一个愁字了得

【八】感伤

总感叹世事无常

无声叹息

难以言表

世间为何总要有如此悲离的故事

伤者悲痛欲绝 痛不欲生

如何直面情感的纠结

是否

是苍天要让人们珍惜所拥有的

还是要让人们学会坚强面对所经历的

失去是否是一种解脱

还是一种重生

可是

撕裂的心痕如何弥补

一九 夜

仰望夜色星空
闪耀着那最明亮的星
在浩瀚无际的大海之上
悬挂着一钩浅浅的弯月
潮涨潮落
月盈月缺
月儿随着风儿在轻声地哼唱
依稀浮现出抹不去的过往
风儿撩动伫立在岸上的椰枝
勾起怅寥的思绪
夜深了　风静了
天空中的星儿在祈祷
点点的微光相伴着月儿的永恒

〔十〕谎言

谎言　像一张无形的网
困扰着心神不宁的我
是真是假
亦幻亦梦
谎言　是一把锋利的剑
刺痛着敞开心扉的我
默然承受着无言的结局
曾经的向往
被真实的境遇击得粉碎
曾经的求助
因虚伪的托词更显苍白
期望挣脱的一刻
却越困越紧
无言无语
只有坚守纯真的自我

〔十一〕伤

这一秒
委屈占据全身
伤心不能自抑
情到深处
难以释怀

如果说
因为梦破碎后不再迷离
为何那点点碎光始终照亮着内心深处的痛
记忆永恒
挥之不去
终了　终了

〔十二〕欣赏

我是天边一朵云
我想你懂得欣赏
宛如洁白窗纱随风轻舞
飘逸洒脱　灵动纯真
因为简单
因为纯粹
我是园中的一朵玫瑰
我想你懂得欣赏
那是我装点成美丽的娇娘
柔韵美艳　姹紫嫣红
因为艳丽
因为炫目
……
其实
欣赏自己的美丽
品读他人的期许
追求心灵的梦想
拥有色彩的人生

（十三）云知道

你是一片大海
深情凝望着天边的云儿
时而平静无声
时而内心激荡
云望着海似乎醉了
散乱地顾盼着海里卷起的波浪
随着倾泻的金光投射于海面之上
波光粼粼
蓝色幽幽
云凝视着海里的景
云知道
海的深处是蔚蓝色的晶莹剔透
海的胸怀是静谧稳重博大精深

[十四]致不安于平凡的我

每个人都有自己的位置
活在属于自己的空间里
纷扰过后
只为证实
自己是拥有了平凡
还是非凡

拥有了
忽视了拥有的意义
无视着存在的轻重

留恋着
摆弄着
掌控着
拥有的所有

纷扰着
纠结着
内心反复着
难以平复

失去后
体会着拥有的幸福

懂得了珍惜的含义
明白了艰辛付出的意义

其实
每个人都心存向往努力着
却
因为自我追求的不同
有了不一样的结果

痛彻了
放下了

知道
最好的答案
就是彼此成全

〔十六〕彩虹

分分合合的世界
戴着面具生活的人们
内心充满着激荡与无奈
面对虚幻的现实诱惑
碌碌无为地寻找
留下内心一片空白和精神的虚脱
不管世事如何变化
怀念那永恒的真诚
如果我们彼此信任
就像亲密无间的朋友
谁能阻碍我们跨越物质的鸿沟
架起梦想的彩虹

十七　选择

面对生活

是心存梦想，还是心存幻想

是自我欣赏，还是自我解嘲

经历过

就知道自己找寻的方向

也许

是回到最初的地方

也许

已经踏上新的征途

也许

已经到达梦的彼岸

也许

……

或许

就是选择的不同

十八 月

我的心中
有一浅浅的弯月

在你的眼眸
闪着如水月光

我看到
湖水倒映出的月色

站在湖边
水光一色风儿柔

十九 大地

青阳初升
大地暖暖

晨曦里
我们默默地相视

微风
轻拂羞涩的脸庞
撩动着秀发

那暖光
成了我们眼中的唯一

风

捎来远处的莺啼

留下风的印迹

树

伫立在风中

守望天边

留给大地深深的影

叶

在风中轻曳

盈盈

翠翠莹莹

透过暖光的叶脉

〔二十一〕叶子

丝丝
密密络络
印刻岁月的年轮
留存经年不变的誓言

我从远处而来
倚在树下
凝望闪烁的绿
流光唤醒了沉睡的誓言

二十一 繁星

夜晚
浩瀚的星辰
照耀着斑斓的大地
那是
天空的梦想

旷野
劲立的树冠
撑起灿烂的繁星
那是
大地的渴望

〔二十二〕草

天

伤了心

落下了泪

滴在了草上

草

微笑着

接纳了它

你来了，就好！

每个人心中
都住着太阳

寒冬
冰封了色彩
留下黑色的长夜

徘徊，惶恐

〔二十三〕太阳

期盼着

那一道曦光

只为寻找

心中的答案

我是否值得拥有那耀眼的光芒

随笔
十一则

（一）

正月中，天一生水。立春之后，继之雨水。东风解冻，散而为雨。雨水时节，斜风细雨，草长莺飞；甘霖润物，和泽春绿，万物长；大地萌动，一派生机初现。春日的一丝春雨，情意绵长，足以柔浥轻尘；一泓春水，碧于天，天水相映柳色新。春雨喜长夜，“小楼一夜听春雨，深巷明朝卖杏花”。雨后的春日是多彩的，美好的。在此时节，最好莫过温婉于芬芳，淡然于生花。

二

夏季下雨的日子，总让人感到清爽。花儿迎接雨滴的敲打，柔妍多姿。带着雨珠的花瓣在风中微微摇曳，橙红嫣紫浅白在雨水的浸润下，与翠叶相互映染，芬腴无比。下雨的日子很适合读书，漫步坐入凉亭，亭外雨丝成线，坠入泥中或荡落在翠叶之上，润物无声。静心潜读，时感清风徐徐，爽爽怡人。

三

春日似锦，繁花芳菲，可围炉捕风赏花；夏日骄阳，紫陌垂柳，可观云听蝉摘星。简静致耳，看云卷云舒，半日沐暖光，半日怀柔肠，不负流年，温温娴雅。

〔四〕

金秋时节，阳光朗清。植物园内绽放的花，不似春花娇媚、千姿百态，却生机盎然、一番姿态。灿灿金光洒在身上，不似夏日骄阳似火，却温郁和煦，有一种暖意。北京最有名的景点樱桃沟，绿树成荫，古树参天，溪水潺潺，阳光透过树荫映在栈道上，溪水上，青草上，光影斑驳。步行园内，或急或缓，或驻足观赏，惬然呼吸着清新的空气，微微出汗，轻快舒爽。

五

冬日暖光映洒在颐和园冰层覆盖的湖面，粼光莹莹，祥和静寂。挺立着的苍翠的松柏为冬日单薄的色彩增多一丝点缀，增添几许生机。寒风阵阵拂面，有些透凉。冰面上枯萎的荷枝伫立着，干枯的荷叶和莲蓬倒垂在冰面之上或冻结于冰面。冰面之下，微微见水流潺潺。莲根悄悄孕育着，等待着来年的绽放。也许是自然的力量，一枯一荣，四季更迭，生命因此周而复始，岁岁年年。

六

小寒至，大雪纷飞而落。小寒胜大寒，一年之中最冷。雪落时节，天地万物相知相惜。天寒雪飘，酿字为酒，饮雪成诗。一念冬来，一念寒往，春日也渐行渐近。“小寒料峭，一番春意换年芳，蛾儿雪柳风光。”

七

岁月无情，年华似流水悄然而逝。时光荏苒，十年弹指一挥间，青春随记忆飘散。岁月却又多情，给予每个生命沿途中所有的相遇，交织着泪水和欢笑，伤痛了眼眸，丰富了心灵。一份淡定，一份从容，一份感怀。也许生活曼妙之处在于微笑着面对所有的痛和所有的难，当回首时，依然可以回眸一笑百媚生。珍惜岁月，不负韶华！

（八）

朋友相聚，追忆青春，品茗论道，兴致愈浓。抑或风轻云淡，抑或浓墨重彩。像淡淡清茶，细细品酌回味的甘甜；像休憩的咖啡馆，在劳累后谈论人生酸甜苦辣的天地；像人生路途的小站，留下每一段人生旅行的印记。有些朋友渐行渐远，有些朋友却将人生旅途的小站连成线直至终点。纯真的友谊不会随时间变淡，也不会因距离变远。

九

上海的新天地，充满着时尚而又怀旧的气息。来到这里，总希望时间在这里是凝固的。在充满阳光的下午，喝着一杯卡布奇诺，谈天说地，品谈过往。时光静静地从周边流过，一分一秒，淡淡而去，直至夕阳西沉。时间是留不住的，但留下的是心中的那一抹色彩。

夏威夷是一个美丽的海岛！在夏威夷驻足的日子，天气似乎很眷顾，朗朗晴天，阳光明媚。在游览了当地有名的景点，领略了海岛自然风光和当地的人文之余，入乡随俗，用当地的食材制作了中国口味的餐食，依然感受到浓浓的家的味道。住在威基基海岸，早上起来就听见直升机在天空盘旋的声音。从阳台上望去，清晰可见海上乘风破浪游弋的帆船和随浪翻波停驻的游艇。天气晴朗时，天空碧蓝，和大海融为一色，而空中的云朵像棉花糖一样，大朵大朵悬浮着。下雨时，云朵又很有气势地铺展开来，随着风动不停地变幻着各种姿态，气势非凡。晴朗的晚上，太阳缓慢地落下海岸线，天际绚烂的霞光映衬着城市的灯光，点亮了城市的夜晚，城市渐渐通明起来。街道上遍布了世界知名品牌的商店，让夜晚的城市灯火辉煌、赏心悦目。

游走于岛屿的洞穴，是一种从未有过的体验，与自然的亲密接触。芝麻糊般糯白的细沙，绿宝石般清澈见底的海水，五彩斑斓而畅游的小鱼，展现出纯净的海岛世界。划船到洞穴深处，用手搅动着清凉的海水，水下竟然闪闪发出星星点点的绿蓝色的荧光。在黑暗之中，小船就像游走在一条银河之上。黑色的洞穴蝙蝠倒挂在洞顶之上，尽跃入眼帘。我们的到来却未曾惊动它们，相伴随的只是洞顶流动的水滴，顺着钟乳石而下的滴答滴答声。我仿佛游走于美丽的梦幻世界，时时感叹着自然的神奇！

格言

七十一条

1.

生命的厚度不仅以财富、地位、名利来衡量，更多的是以自我的尊重、社会的价值和肩负的使命来衡量。

2.

复杂的事归根到本真是最简单的事，而最简单本真的事也是最难的事。

3.

天空不会总是秀而澄朗，风雨之中，静待世变，冷却观之，哭和笑都值得拥有。

4.

世上没有任何事情是白来的，除了父母给予生命，恩师给予真知，爱人给予陪伴，唯有自己努力。

5.

生活之中，最珍贵的是年华，年华似水，春暖花开，春华秋实。生活之中，最珍惜的是拥有，晨暮日常，淡如水，暖如光，依偎相伴，执子之手，善得始终。

6.

人可以是暖光、是雨露，温暖滋润，让花草绚丽多姿，生机盎然，绽放璀璨，世界芬芳。

7.

不是每个人都心存善良，不是每个人都待人真诚，不是每个人都懂得感恩，但心存善良、懂得感恩、待人真诚的人会是心灵丰富的人，他可感知善恶、美丑、真假。

8.

人应学会相信，无论是自己还是他人，无论是顺境还是逆境。它可使人拥有勇气去面对，即使生活不总是期望的美好，但也可以期待冰霜过后的阳光、风雨过后的彩虹。

9.

透彻了生活的苦，才能体味生活的甜。学会珍惜，珍惜所拥有的；学会担当，担当所经历的，才会遇见心中的美好。当一个人看透心中的美好是个假象，也许这会成为一种回忆。

10.

生活即使很平淡，也需要有努力的目标。如果心中有星辰大海，星辰大海就在你眼前。

11.

人的情感可以很丰富。可柔情似水，如春风丝丝柔长，千丝万缕，万般雅致内藏于心，心存高远；也可刚毅坚卓，发强于外在，如深根的杨柳坚定深远，自立自强。很多时候，我们往往会忽略丰富的情感需要拥有一颗通透的心灵，而通透的心灵是用泪水滋润和灌溉的。

12.

学会珍惜为你付出的人，做好自己比索求别人更重要。以仁爱之心爱他人，爱自己。善慰人心，宽厚温存，仁者之心。

13.

什么是拥有？拥有不是你获取了什么，而是你付出了什么。

14.

人要做一个有温度的人，温以待人，柔而可亲。如果一个人的温暖和绝情仅一步之遥，会是很可怕的事，因为那不是真实的温暖。

15.

我们生而平凡，

或因梦想而伟大。

16.

人的能力是自己证明出来的，

不是别人给出来的，自己好才

是真的好。

17.

生活之中的难无处不在，笑着面对生活的难比抗拒更需勇气，更需担当。

18.

梦想是一个个脚踏实地、兢兢业业追求的真实目标；幻想是一个个超越能力、自我放逐的心理安慰。

19.

如果一个人靠欺骗获得的，也许不会天长地久；如果一个人习惯于伪装自己，也许会让人心生厌恶；如果一个人习惯于哗众取宠、愚弄他人、装腔作势，也许会是自欺欺人；如果一个人过分贪婪，也许只是心存幻想的努力。也许这些会是最可悲的事情！

20.

人心其实是一面镜子，你报之以桃李，她报之以春风；你报之以猜忌，她报之以伪善。人心最难的是被认同，最容易的是被感动，真诚是打开心灵之门的钥匙。

21.

人与人之间最好的感情，不是以索取为目的，而是彼此欣赏，彼此认同，彼此信任，彼此珍重，彼此成就。

22.

每个人都会犯错误，所以面对选择，该放下的就要放下，也许放下才是最好的答案。

23.

每个人都爱美，真正的美是美到骨子里的美。外在形象美让人赏心悦目，而内在涵养、品修的气质美让人喜爱和尊重。过度修饰的美，是让人感受不真实的美，只是一些饰品的堆砌。

24.

人生是一场修行，学会自己对自己负责。找自己，做自己，踏实地做好自己，积极向上地学习，成长，进步，勤做深思，好好生活，是对自己最大的肯定和赞赏。

25.

爱不是一味地索取，而是默默真心地付出。爱也不是无偿给予，而是使人不断地成长。爱除了喜欢之外，更多的是一份责任，一份担当，一份需要。

26.

人需要时而在自己的世界里，放飞自我，遨游天地，或是放空自己，做个小小的梦。

27.

拥抱获得温暖的感动，牺牲拥有正义的力量，真心赋予克难的勇气，生命创造前行的希望。

28.

人在无助的时候，还不停地被人在伤口上撒盐，反而会更清醒，因为，靠人不如靠己。

29.

如果缺乏人性，人类会生活在一个荒蛮的时代。女性身上最耀眼的光芒也许就是人性的闪耀。

30.

眼前所见之路是别人走出的路，而自己的路在自己脚下。人要脚踏实地，才可以走向远方，走出自己的人生之路。

31.

人要有一颗真诚的心，将心比心。不要随意伤害生命中出现的人，失去了也许就是永远失去，犯了这样的错，也许会终身悔恨。即使面对曾经伤害过你的人，也不要轻易伤害，虽然被伤害，但也曾经被给予。

32.

拥抱可以给人温暖的力量，但一个不善意的拥抱会让人觉得别有所图。

33.

一个没有认同的喜欢，请不要打扰，也许是无聊时的消遣；一个没有认同的关心，也请不要挂怀，也许是无助时的心理安慰。

34.

刹那的感动不能天长地久，只因感动你的是别人的故事。在自己的故事里，感受彼此真实的温暖，才会天长地久。

35.

今生不欠，来生不见，你已不存在于我的世界。

36.

每个人都渴望被尊重，尊重别人也是尊重自己。真心地尊重和爱护他人与自己，也是一种爱。

37.

人应该有欣赏美的眼光和能力。世界上没有极致的完美，如果有，也会是假的、丑的。

38.

仅是外在表现出来的强，而内心缺乏良知、同理心和责任心，对他人的友善、付出和担当认为理所应当，会不被信任。

39.

领悟是人的一种潜能，对人性的领悟让人增长才智，提升认知力、洞察力和辨析力，人性通达。

40.

每个人都有自己的人生之路，无论什么境遇，无论什么经历，或欢喜或悲伤，或成长或放下，或成就或平凡，都会成为人生道路上值得回忆的印迹和人生财富。

41.

感知最信任的人不断恶意索求，为所欲为，而且还以爱之名义，会非常绝望的。

42.

真实祥和美好的生活难能可贵。

43.

人不是为了钱而活着，寻求自身价值更具意义。

44.

聪明的人不一定智慧，而智慧的人却聪明。知取舍，知得失，做有智慧的人。

45.

尊重不代表软弱，善良不代表无能。有时候，人会不懂得分辨。

46.

做事不是为了贪图回报，而是为了遇见更好的自己。

47.

今日的月色如昨日般澄澈，我的月色如水。

48.

天资好也需后天勤奋、踏实的学习、努力和坚持。委屈是人成长最好的老师。

49.

没有人是完美的，学会接受别人的不完美，才可以使自己变得更加美好。

50.

人生的追求不仅在于实现的瞬间，还在于实现的旅程，从容坦诚面对内心真实的自我，便能看见远处的风景。

51.

存在的可以消失，拥有的可以失去，光彩的可以暗淡，真实的才是永恒。

52.

人追求让自己感到幸福的事情。学会开心，给自己一份欣悦；学会自信，给自己一份温暖。做个内心快乐的人，简单一些，从容一些，世界会因此而不同。

53.

所谓成熟，就是少一份冲动，多一份理智。

54.

每个人都是平凡的，但磨难会锻炼人不平凡的意志，从平凡之中造就不平凡的自我。

55.

一树树的花开花落，而岁月无痕，悠悠故人心。

56.

爱情往往不是童话故事里白雪公主和白马王子之间那般纯粹、那般完美、那般神圣的爱。

57.

不历世事，不会成长。人心有真假，人品有好坏，人性有善恶。经历世事，才可以分辨，什么是真，什么是假，什么是好，什么是坏，什么是善，什么是恶。万物循道。辨别人心的假，才会知道真心的可贵。了知人品的坏，才会养成优秀的品德。彻悟人性的恶，才会尊崇人性的仁善。

58.

一次次追寻，一次次改变，
只为心中不变的理想。

59.

时间会检验所做的事情，也会给出最好的答案。没有一劳永逸的事。

60.

如果内心纯净，
看到的世界也会纯净。

61.

人无信而不立，人无德而不尊，人无品而不雅，人无知而不贵。

62.

自省者则自明，自明者则自尊，自尊者则自强，自强者则自信，自信者则自立。自立而后修身、崇德、尊道、循理、处世焉。

63.

立信以诚为先，志为始，行为果。守信则信之，失信则疑之。

64.

人心合则力合，人心散则力散。

65.

在一次一次的眼泪中慢慢学会坚强。

66.

空　　影　　明　　灭

67.

人有志，而读书，修身而习性，自信而自重，自强而不息。

68.

善，使人固守本分；恶，使人招惹是非。君子修身性，小人交相恶。善恶之察，尊乎以礼。

69.

生活，在时光中慢慢醇厚，细品生活之中无处不在的美，积酿成岁月的书卷，濡染生活的锦色，寻绎日月的盈味。浅伴书香，珍藏岁月深。

70.

每个人都会经历最深的伤和最深的痛，岁月陈酿的是眼泪中闪烁的笑容。

71.

最高贵的惩罚是直视，

最矜持的报复是淡然。

皮 志 云

北京人，金融硕士，现就职于国有大型金融机构。在金融杂志发表多篇专业文章，获得当年央行优秀论文二等奖和行内优秀论文二等奖，爱好文学创作。

图书在版编目（CIP）数据

小云雅集 / 皮志云著 . -- 北京：作家出版社，2024.10
ISBN 978-7-5212-2775-8

Ⅰ. ①小… Ⅱ. ①皮… Ⅲ. ①诗集—中国—当代
Ⅳ. ① I227

中国国家版本馆 CIP 数据核字（2024）第 069324 号

小云雅集

策　　划：北京东方文渊文化传媒有限公司
作　　者：皮志云
责任编辑：杨新月
装帧设计：瑰　鹕
插　　画：文　渊
出版发行：作家出版社有限公司
社　　址：北京农展馆南里 10 号　　　**邮　　编**：100125
电话传真：86-10-65067186（发行中心）
86-10-65004079（总编室）
E-mail:zuojia @ zuojia.net.cn
http://www.zuojiachubanshe.com
印　　刷：北京博海升彩色印刷有限公司
成品尺寸：130×185
字　　数：48 千
印　　张：5
版　　次：2024 年 10 月第 1 版
印　　次：2024 年 10 月第 1 次印刷
ISBN 978-7-5212-2775-8
定　　价：58.00 元